今夜も絶品！

「イワシ缶」おつまみ

きじまりゅうた

青春新書
PLAYBOOKS

IWASHI

サバ缶ブームですね～。僕もその魅力にハマった一人だけど、最近スーパーとかでもサバ缶が売り切れってこともあるんですよね。

そこでふと目に入ったのがイワシの水煮缶。

使ってみたら、クセも少ないし、うま味もたっぷり。脂ものってるからコレはイケてる！イワシは世界各国で食べられてる魚だから、いろんな味つけにも合うし。調べてみたら、DHAやらEPAをはじめ栄養価も高いんだって！

こりゃ使わない手はないぞ、ということで一冊の本にまとめてみました。

缶詰使うのって面倒なことはしたくないときだから、とにかく簡単なレシピだけを集めましたよ。

調味料をかけるだけとか、サッと炒めるだけとか！　どれもイワシのうま味をストレートに味わえて、もちろんお酒に合うものばかり。

冬にぴったりな鍋物から、暑い夏に食べたい冷たい料理、便利な作りおきまで、一年中楽しめるおつまみが揃いました！

今夜も絶品！
「イワシ缶」
おつまみ
-menu-

IWASHI 1

ほぼ、ほったらかし！

IWASHI 2

そうだ！ アレがあまってる

IWASHI 3

今宵、コンビニで完結する！

IWASHI 4

イワシ缶で世界をめぐる

あると便利な作りおき!

IWASHI 5

なんと！ 食べればアノ味

IWASHI 6

レンチンで楽チン！

IWASHI 7

やっぱり！ フライパン

IWASHI 8

あったか小鍋仕立て

IWASHI 9

しめイワシ

本書の決めごと

*使用するイワシ缶は、すべて水煮です。

*イワシ缶は1缶200gのものを使用しています。

*材料は、特に記載のないものは作りやすい分量です。

*1カップは200mℓ、大さじ1は15mℓ、小さじ1は5mℓです。

*電子レンジは600Wです。

*イワシの水煮を電子レンジで加熱するときは、イワシが破裂することがありますので、様子をみながら調整してください。

イワシ缶の
ここがスゴイ!

「DHA」はサバ缶に負けず劣らず豊富!

文科省が発表しているデータによると、DHA(ドコサヘキサエン酸)の含有量は、サバ水煮缶が100g当たり1300mgで、イワシ水煮缶が1200mg。どちらにも豊富に含まれています。

「EPA」はサバ缶より3割も多い!

同じく文科省のデータによると、EPA(エイコサペンタエン酸)の含有量は、サバ水煮缶930mgに対し、イワシ水煮缶は3割多い1200mg。EPAについては、イワシ缶に軍配が!

認知症の予防に効果アリ！

マルハニチロと島根大学との共同研究により、「DHA」は加齢に伴う認知機能の低下を抑える効果があることが判明。脳を活性化させることで、認知症の予防効果が期待できます。

カルシウムたっぷり！

魚の缶詰は、製造過程で加圧加熱殺菌するので、カルシウム豊富な骨も柔らかくなり、まるごと食べられます。

ダイエット効果にも期待！

EPAを摂ると「GLP-1」というホルモンの分泌が促進されます。

このホルモンは、食後の血糖値の上昇を抑えたり、食欲を抑えたりする作用があります。

血液サラサラ効果アリ！

「EPA」には、血栓ができるのを予防する働きが。そのため、動脈硬化や高血圧、心筋梗塞や脳梗塞、高脂血症など、さまざまな生活習慣病の予防に役立つといわれています。

美肌効果もある！

EPAの血液サラサラ効果で血流がよくなれば、肌の新陳代謝も活発に。イワシ缶を食べて、美肌を手に入れましょう。

マルハニチロ広報の
藤田さん

IWASHI 1

ほぼ、ほったらかし！

イワシ缶と具材を合わせたら、
あとはトースターやグリル、冷蔵庫におまかせ。
ほったらかしで、オツなつまみができちゃいます！

イワシとにんにくのホイル焼き

ホイルに包んで焼くだけ！ウマすぎ呑みすぎ要注意！

材料

イワシ缶（水煮）…１缶 ／ にんにく…１株／ 塩…少々／
ごま油…小さじ２／ しょうゆ…小さじ１

作り方

❶ にんにくは皮つきのまま上部を切り落としてアルミホイルにのせ、塩をふってごま油を回しかけ、アルミホイルで包む。
❷ イワシは汁気をきり、別のアルミホイルで包む。
❸ 予熱した魚焼きグリルに❶と❷を入れ、にんにくに火が通るまで 15 分ほど焼く。イワシにしょうゆをかける。

IWASHI
1
ほぼ、
ほったらかし！

イワシとアボカドのエッググラタン

白ワインがどんどんすすむ、ヘルシーなグラタン

材料

イワシ缶（水煮）……1缶
アボカド……1コ
うずらの卵（水煮）……3コ
オリーブ油……適量
マヨネーズ……適量

作り方

1 アボカドは皮をむき、2㎝角に切る。うずらの卵は半分に切る。

2 イワシは汁気をきって、オリーブ油を薄く塗った耐熱容器に入れて粗くほぐす。アボカドとうずらの卵を加え、マヨネーズをかけて、オーブントースターで7～8分焼く。

IWASHI
1
ほぼ、
ほったらかし！

ビーンズチーズパテ

混ぜて冷蔵庫で冷やすだけ。なのに味も見た目も本格派！

材料

イワシ缶（水煮）……1缶
ミックスビーンズ缶（水煮）……1／2缶（50g）
クリームチーズ……50g
パセリのみじん切り……適量
塩……小さじ1／4

作り方

1 クリームチーズは常温に戻す。
2 イワシは汁気をきって細かくつぶし、ミックスビーンズ、クリームチーズ、パセリ、塩を混ぜ合わせる。
3 容器に入れて、冷蔵庫で冷やし固める。

IWASHI 1
ほぼ、ほったらかし！

イワシとじゃがいものカレーアヒージョ

残ったオイルもうまいから、パンを添えたら完食必至！

材料
イワシ缶（水煮）……1缶
じゃがいも……1コ（100g）
にんにく……2かけ
オリーブ油……適量
A
カレー粉……小さじ1
塩……少々

作り方
1 じゃがいもは皮をむいて4～6等分に切って水にさらし、水気をきる。にんにくは皮をむいて縦半分に切る。
2 小鍋に、*1*のじゃがいもとにんにく、汁気をきったイワシを入れて**A**を混ぜ合わせ、オリーブ油を具材がひたひたになるまで加える。
3 中火にかけて、じゃがいもに火が通るまで8～10分ほど煮る。

イワシとアスパラのカップオムレッ

ふっくらと膨らんだら、急いで乾杯だ！

材料

イワシ缶（水煮）……1缶
アスパラガス……1本
卵……3コ
A
粉チーズ……大さじ1
こしょう……少々

作り方

1 アスパラガスは固い根元は皮をむき、1㎝幅に切る。卵は溶きほぐす。

2 イワシは汁気をきって細かくほぐし、アスパラガス、溶き卵、Aを混ぜ合わせる。

3 耐熱容器に2を入れて、オーブントースターで表面が大きく膨らむまで10〜15分ほど焼く。

IWASHI
1
ほぼ、ほったらかし！

佃煮風

材料を小鍋に入れて、火にかけるだけで粋な小鉢料理に

材料
イワシ缶（水煮）……1缶
しょうが……1かけ
わさび……適宜

A
イワシ缶の汁……大さじ3
しょうゆ……大さじ1
砂糖……大さじ1
みりん……大さじ1

作り方
1 しょうがは3㎜幅の薄切りにする。
2 小鍋に汁気をきったイワシとしょうがを入れ、Aを加えて火にかける。
3 ごく弱火で15分ほどとろみがつくまで煮る。火を止めて粗熱をとり、好みでわさびを添える。

IWASHI 1

ほぼ、ほったらかし！

冷やしすだちイワシ

冷たさがおいしい、冷蔵庫まかせの爽やかおつまみ

材料

イワシ缶（水煮）……1缶
すだち……2コ
氷……適宜

A
水……1／2カップ
めんつゆ……大さじ2

作り方

1 すだちは5㎜幅の薄切りにする。

2 イワシは汁気をきって器に入れ、**A**を注ぐ。

3 すだちをのせて、冷蔵庫で冷やす。好みで氷を浮かべる。

IWASHI
1
ほぼ、
ほったらかし！

イワシと切り干し大根の煮物

ごはんのおかずにもなる惣菜おつまみ

材料

イワシ缶（水煮）……1缶
切り干し大根……30g
白いりごま……適量

A
イワシ缶の汁……大さじ3
水……1／2カップ
めんつゆ……大さじ2

作り方

1 切り干し大根はさっと水で洗い、ざく切りにする。

2 鍋にAと切り干し大根を入れて火にかけ、煮立ったら汁気をきったイワシを入れて粗くほぐす。

3 汁気が少なくなるまで8分ほど煮て、白いりごまをふる。

IWASHI 2

そうだ！
アレがあまってる

冷蔵庫の奥やキッチンの片隅に、
使いきれずに残っているアレを発見したら、
うまいつまみを作るチャンスです！

イワシのお好み焼き風サラダ

いつかのお好み焼きパーティーの残り物が、大活躍！

材料

イワシ缶（水煮）…１缶 ／ キャベツ…100ｇ

A お好みソース…適量 ／ マヨネーズ…適量 ／
紅しょうが…適量 ／ 青のり粉…少々

作り方

❶ キャベツはせん切りにして水にさらして水気をきる。

❷ イワシは缶汁ごと耐熱容器に入れ、ラップをして電子レンジで１分～１分 30 秒加熱し、汁気をきる。

❸ 器にキャベツを敷き、イワシを盛りつけ、**A** をかける。

EXTRA HIGH 8%

IWASHI
2
そうだ！
アレがあまってる

ユッケ風

焼肉のたれと混ぜれば、不思議とイワシが肉の味!?

材料

イワシ缶（水煮）……1缶
焼肉のたれ……大さじ1と1／2
白いりごま……少々
卵黄……1コ
きゅうり……1／2本

作り方

1 きゅうりは3㎜角の細切りにする。
2 イワシは汁気をきって焼肉のたれをからめて粗くほぐす。
3 2を盛りつけ、白いりごまをふって卵黄をのせ、きゅうりを添える。

イワシのカレーマヨ和え

冷蔵庫の片隅のカレー粉と福神漬けが、ビールを呼んでいる!

材料

イワシ缶(水煮)……1缶
福神漬け……10g
ポテトチップス……適量

A
カレー粉……小さじ1/2
マヨネーズ……大さじ2

作り方

1 イワシは汁気をきってほぐし、Aと混ぜ合わせ、福神漬けを加えて混ぜる。

2 1を盛りつけて、ポテトチップスを添える。

IWASHI
2
そうだ！
アレがあまってる

イワシと大根のオイスターサラダ

中華じゃなくても、オイスターソースは〝使えるヤツ〟なんです

材料
イワシ缶（水煮）……1缶
大根……4㎝
かいわれ大根……1／2パック
オイスターソース……大さじ1

作り方
1 大根は皮をむいて3㎜角の細切りにする。かいわれ大根は根元を切り落とす。
2 イワシは缶汁ごと耐熱容器に入れ、ラップをして電子レンジで1分～1分30秒加熱し、汁気をきる。
3 器に大根とかいわれ大根を敷いてイワシを盛りつけ、オイスターソースをかける。

IWASHI
2
そうだ！
アレがあまってる

イワシと切り干し大根のサラダ

切り干し大根は、水で戻してそのまま和えればＯＫ

材料

イワシ缶（水煮）……1缶
切り干し大根……20g
フレンチドレッシング……大さじ2
万能ねぎの小口切り……2本分

作り方

1 切り干し大根はさっと水で洗い、食べやすく切ってフレンチドレッシングで和える。
2 イワシは汁気をきって1と合わせ、粗くほぐしながら混ぜ合わせる。
3 盛りつけて万能ねぎをちらす。

IWASHI
2
そうだ！
アレがあまってる

イワシとクリチーめんたいのカナッペ

単独でもうまい3つの食材がおいしいコラボ

材料
イワシ缶（水煮）……1缶
クリームチーズ……30g
明太子……1／2腹
クラッカー……適量

作り方
1 クリームチーズは常温に戻す。明太子は薄皮を取り除く。
2 クリームチーズと明太子をざっくり混ぜ合わせる。
3 汁気をきったイワシ、2、クラッカーを盛り合わせる。

IWASHI 2
そうだ！
アレがあまってる

カリカリパン粉のっけ

なかなか使いきれないパン粉で、ワインのおつまみ

材料

イワシ缶（水煮）……1缶
パン粉……大さじ4
A
オリーブ油……大さじ2
おろしにんにく……小さじ1／2
ドライパセリ……少々

作り方

1 フライパンにパン粉と**A**を入れて火にかけ、きつね色のカリカリパン粉になるまで炒める。

2 イワシは缶汁ごと耐熱容器に入れ、ラップをして電子レンジで1分～1分30秒加熱し、汁気をきる。

3 2のイワシを器に盛りつけ、1のカリカリパン粉をかける。

IWASHI 2

そうだ！
アレがあまってる

イワシときゅうりのゆかり炒め

赤じそのふりかけ「ゆかり」を調味料に

材料

イワシ缶（水煮）……1缶
きゅうり……1本
ゆかり……小さじ1
サラダ油……小さじ1
塩……少々

作り方

1 きゅうりは皮を縞目にむいて乱切りにする。

2 フライパンにサラダ油を熱し、きゅうりを入れて塩をふって炒め、汁気をきったイワシを加える。仕上げにゆかりをふり混ぜる。

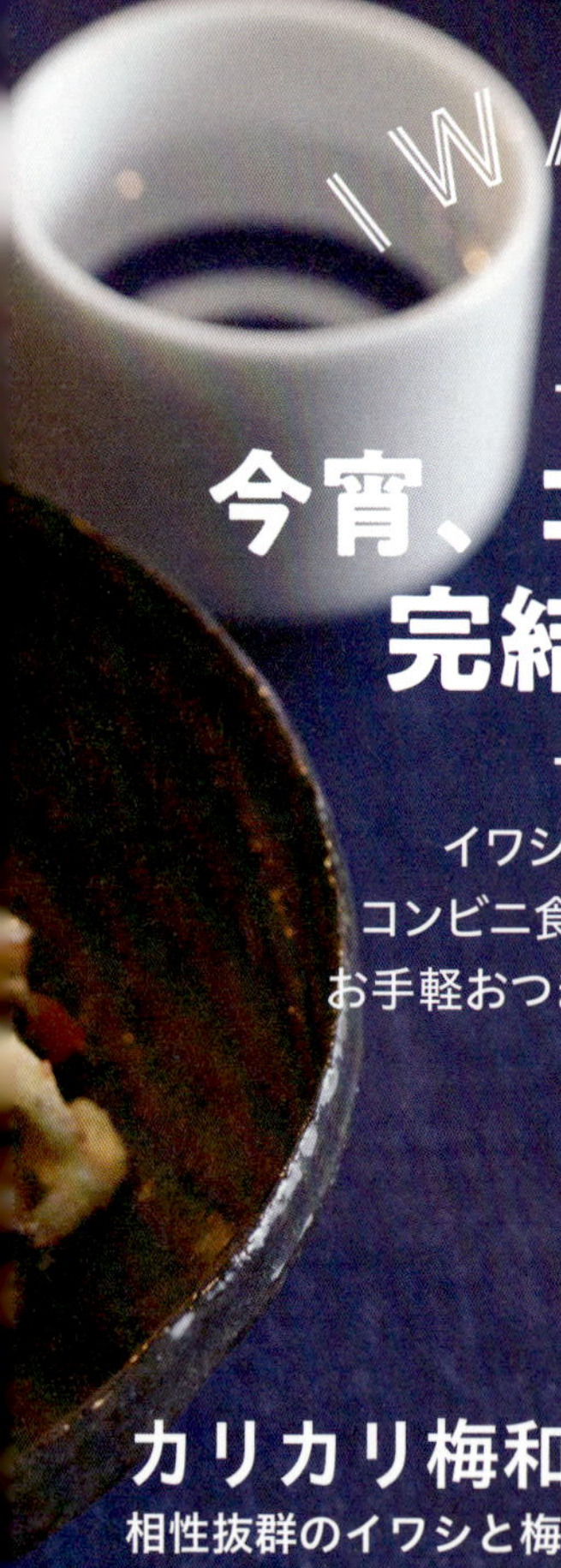

IWASHI 3

今宵、コンビニで完結する!

イワシ缶も含めて、
コンビニ食材だけで作れる
お手軽おつまみを集めました。

カリカリ梅和え

相性抜群のイワシと梅に、食感の楽しさもプラス

材料

イワシ缶(水煮)…1缶 / カリカリ梅…3コ /
塩せんべい…適量

作り方

❶ カリカリ梅は種を取り除いて7～8㎜角に刻む。
❷ 塩せんべいは粗くくだく。
❸ イワシは汁気をきってほぐし、❶と❷を混ぜ合わせる。

IWASHI 3

今宵、コンビニで完結する！

のりたまのっけ

のりの佃煮と温泉卵が、イワシを全面的にバックアップ

材料

イワシ缶（水煮）……1缶
温泉卵……1コ
のりの佃煮……大さじ1

作り方

1 イワシは缶汁ごと耐熱容器に入れ、ラップをして電子レンジで1分～1分30秒加熱し、汁気をきる。

2 器にイワシを盛りつけ、温泉卵をのせ、のりの佃煮をかける。

IWASHI 3

今宵、コンビニで完結する！

たぬきイワシ

コンビニの棚に「揚げ玉」を発見したら、ぜひ！

材料

イワシ缶（水煮）……1缶
めんつゆ（3倍濃縮タイプ）……大さじ1と1／2
万能ねぎの小口切り……1本分
揚げ玉……大さじ2

作り方

1 イワシは缶汁ごと耐熱容器に入れ、ラップをして電子レンジで1分～1分30秒加熱し、汁気をきる。
2 器にイワシを盛りつけてめんつゆをかけ、万能ねぎ、揚げ玉をちらす。

IWASHI
3
今宵、コンビニで完結する！

イワシともずくの酢の物

もずく酢と合わせるだけで、味がバッチリ決まる

材料

イワシ缶（水煮）……1缶
もずく酢……1パック（70g）
きゅうりの浅漬け……4切れ
おろししょうが……適量

作り方

1 イワシは汁気をきる。

2 イワシ、もずく酢、きゅうりの浅漬けを合わせ、しょうがを添える。

IWASHI 3

今宵、コンビニで完結する！

イワシ納豆のせんべいカナッペ

日本酒に合わせたい和風のカナッペです

材料

イワシ缶（水煮）……1缶
納豆……1パック
添付の納豆だれ……1袋
塩せんべい……適量
練り辛子……適宜

作り方

1 イワシは汁気をきって細かくつぶす。
2 1のイワシに、納豆と納豆だれを混ぜ合わせる。
3 塩せんべいに2をのせ、好みで練り辛子を添える。

イワシのごまキムチ和え

ビールやハイボールがすすんで困るつまみナンバー1

材料

イワシ缶（水煮）……1缶
キムチ……30g
白すりごま……大さじ1
ごま油……大さじ1／2

作り方

1 キムチはハサミで食べやすく切る。
2 イワシは缶汁ごと耐熱容器に入れ、ラップをして電子レンジで1分〜1分30秒加熱し、汁気をきる。
3 イワシを細かくほぐし、キムチ、白すりごま、ごま油を混ぜ合わせる。

IWASHI 3

今宵、コンビニで完結する！

イワシと卵とザーサイのマヨ和え

ザーサイがいい仕事してくれます

材料

イワシ缶（水煮）……1缶
ゆで卵……1コ
ザーサイ……20g
マヨネーズ……大さじ2

作り方

1 イワシは缶汁ごと耐熱容器に入れ、ラップをして電子レンジで1分～1分30秒加熱し、汁気をきる。

2 ゆで卵はフォークで割り崩す。

3 イワシ、ゆで卵、ザーサイを混ぜ合わせ、マヨネーズで和える。

IWASHI
4

イワシ缶で世界をめぐる

いろんな国の代表的な料理を
イワシ缶を使って作ってみたら、
これが意外とうまかった！
イワシ缶で、世界の味を堪能しよう。

作り方

❶ イワシは缶汁ごと耐熱容器に入れ、ラップをして電子レンジで1分～1分30秒加熱し、汁気をきる。
❷ 紫玉ねぎは繊維と垂直に薄切りにし、水にさらして水気をきる。レタスはちぎる。フランスパンは半分に切って、さらに横半分に切る。
❸ フランスパンにレタス、紫玉ねぎ、イワシをのせて**A**をふり、レモンをしぼって、オリーブ油をかけ、サンドする。

イワシのサバサンド風

トルコ名物のサバサンドをイワシ缶で挑戦！

材料（2人分）

イワシ缶（水煮）…１缶 ／ フランスパン…中１本 ／
紫玉ねぎ…1/４コ ／ レタス…２枚 ／
カットレモン…適量 ／ オリーブ油…小さじ２
A｜粗びき黒こしょう…少々 ／ 塩…少々

イワシのエスニックサラダ

パクチー好きにはたまらない、タイ風サラダ

材料

イワシ缶（水煮）……1缶
玉ねぎ……1／2コ
バターピーナツ……大さじ1
スイートチリソース……大さじ2
パクチー……適量

作り方

1 玉ねぎは繊維と垂直にごく薄切りにし、水にさらして水気をきる。パクチーは3㎝長さに切る。バターピーナツは粗くくだく。

2 イワシは汁気をきって玉ねぎと合わせて器に盛りつけ、バターピーナツをちらしてスイートチリソースをかける。パクチーをあしらう。

タンドリー風

甘酸っぱいカレー味は、イワシにも合う!

材料

イワシ缶(水煮)……1缶
レタス……適量
プチトマト……適量

A
ヨーグルト……大さじ2
ケチャップ……小さじ2
カレー粉……小さじ1

作り方

1 ボウルにAを混ぜ合わせ、タンドリーだれを作る。

2 イワシは汁気をきり、1のボウルに入れてタンドリーだれをからめ、ラップをして電子レンジで1分~1分30秒加熱する。

3 盛りつけて、レタスとプチトマトを添える。

イワシとアボカドのポキ

生魚のぶつ切りを調味料で和えるハワイ料理をイワシ缶で

材料

イワシ缶（水煮）……1缶
アボカド……1コ
紫玉ねぎ……1／4コ
万能ねぎの小口切り……3本分

A
しょうゆ……小さじ2
砂糖……小さじ1
ごま油……小さじ1

作り方

1 アボカドは皮をむいて1㎝角に切る。紫玉ねぎは繊維と垂直に薄切りにする。

2 ボウルにAを合わせ、アボカド、紫玉ねぎ、万能ねぎを混ぜ合わせ、汁気をきったイワシを加えて粗くほぐしながら混ぜる。

イワシのペペロン

ピリ辛ガーリックオイルをかけるだけで驚きのうまさ

材料

イワシ缶(水煮)……1缶

A
イワシ缶の汁……大さじ2
オリーブ油……大さじ2
おろしにんにく……小さじ1/2
唐辛子の輪切り……1本分

作り方

1 イワシは缶汁ごと耐熱容器に入れ、ラップをして電子レンジで1分~1分30秒加熱し、汁気をきって盛りつける。

2 別の耐熱容器に**A**を合わせ、ラップをして電子レンジで90秒加熱し、*1*のイワシにかける。

イワシのグラタンスープ

表面をこんがり焼いて、フランス家庭料理風

材料（2人分）

イワシ缶（水煮）……1缶
フランスパン（1.5㎝のスライス）……2枚
ピザ用チーズ……20g

A
コンソメ（顆粒）……大さじ1／2
水……1と1／4カップ

作り方

1 イワシは缶汁ごと耐熱容器にあけ、**A**を加えて混ぜ合わせる。ラップをして電子レンジで3分加熱する。

2 1にフランスパンとピザ用チーズをのせて、オーブントースターで焼き色がつくまで焼く。

チャプチェ風

牛肉で作る韓国の人気メニューをイワシ缶でアレンジ

材料
イワシ缶（水煮）……1缶
春雨……30g
玉ねぎ……1／2コ
ピーマン……1コ
白いりごま……小さじ2

A
焼肉のたれ……大さじ2
水……大さじ2

作り方

1 春雨はハサミで半分に切る。玉ねぎは繊維と垂直に1cm幅に切る。ピーマンは細い乱切りにする。

2 イワシは缶汁ごとフライパンに入れ、A、春雨、玉ねぎを加えて中火にかける。煮立ったらフタをして、弱火で5分ほど煮る。

3 ピーマンを加え、汁気がなくなるまで煮て、白いりごまをふる。

IWASHI 4

イワシ缶で世界をめぐる

イワシのピリ辛中華サラダ

メンマとラー油があるだけで、イワシが中華に変身

材料

イワシ缶（水煮）……1缶

水菜……1株（50g）

味つきメンマ……30g

A

ラー油……小さじ1

粉山椒……少々

粗びき黒こしょう……少々

塩……少々

作り方

1 水菜は4㎝長さに切る。

2 イワシは汁気をきってボウルに入れ、水菜、メンマ、Aを加えて和える。

イワシとトマトのペースト

作りおき！ 01

作り方

① 鍋ににんにくのみじん切り2かけ分、オリーブ油大さじ2を入れて火にかける。香りが立ってきたら、汁気をきったイワシ缶1缶を加えて、木べらなどで細かくつぶす。

② ①にイワシ缶の汁1缶分、トマト水煮缶1缶、塩小さじ1/2を加え、木べらでつぶしながら、汁気が飛ぶまで10分ほど煮詰める。

あると便利な作りおき！

作りおき！ 02

イワシのペペロンオイルペースト

作り方

① にんにく4かけと玉ねぎ1/2コは、2㎜角の細かいみじん切りにする。

② 小鍋ににんにく、オリーブ油大さじ3を入れて中火にかけ、香りが立ってきたら唐辛子の輪切り2本分と玉ねぎを入れてしんなりするまで炒める。

③ イワシ缶1缶を缶汁ごと加えて木べらなどで細かくつぶし、塩小さじ1、あればドライバジルを加えて4～5分煮る。

ごまみそ イワシペースト

作り方

① イワシ缶1缶は汁気をきって鍋に入れ、フォークなどで細かくつぶす。
② ①にイワシ缶の汁1缶分、みそ100g、砂糖大さじ1、白すりごま大さじ1、ごま油大さじ1を加えて中火にかけ、木べラなどで練りながら、汁気が飛んでとろみがつくまで12分ほど煮詰める。

パンに塗ったり、温野菜に添えたり、パスタソースにしたり、イワシ缶を使ったアレンジ自在の常備菜です。

イワシの レモンオイル漬け

作り方

① レモン（国産）1コは皮の黄色い部分だけをそぎ取り、残った実は汁をしぼる。
② 鍋にイワシ缶1缶を缶汁ごと入れ、しょうがの細切り1かけ分、レモンのしぼり汁1コ分、オリーブ油大さじ2、酢大さじ2、塩小さじ1/2を加えて火にかけ、粗くほぐして5分ほど煮る。火を止めてレモンの皮を加える。
③ 粗熱がとれたら保存容器に移して、全体がかぶるくらいのオリーブ油を注ぐ。

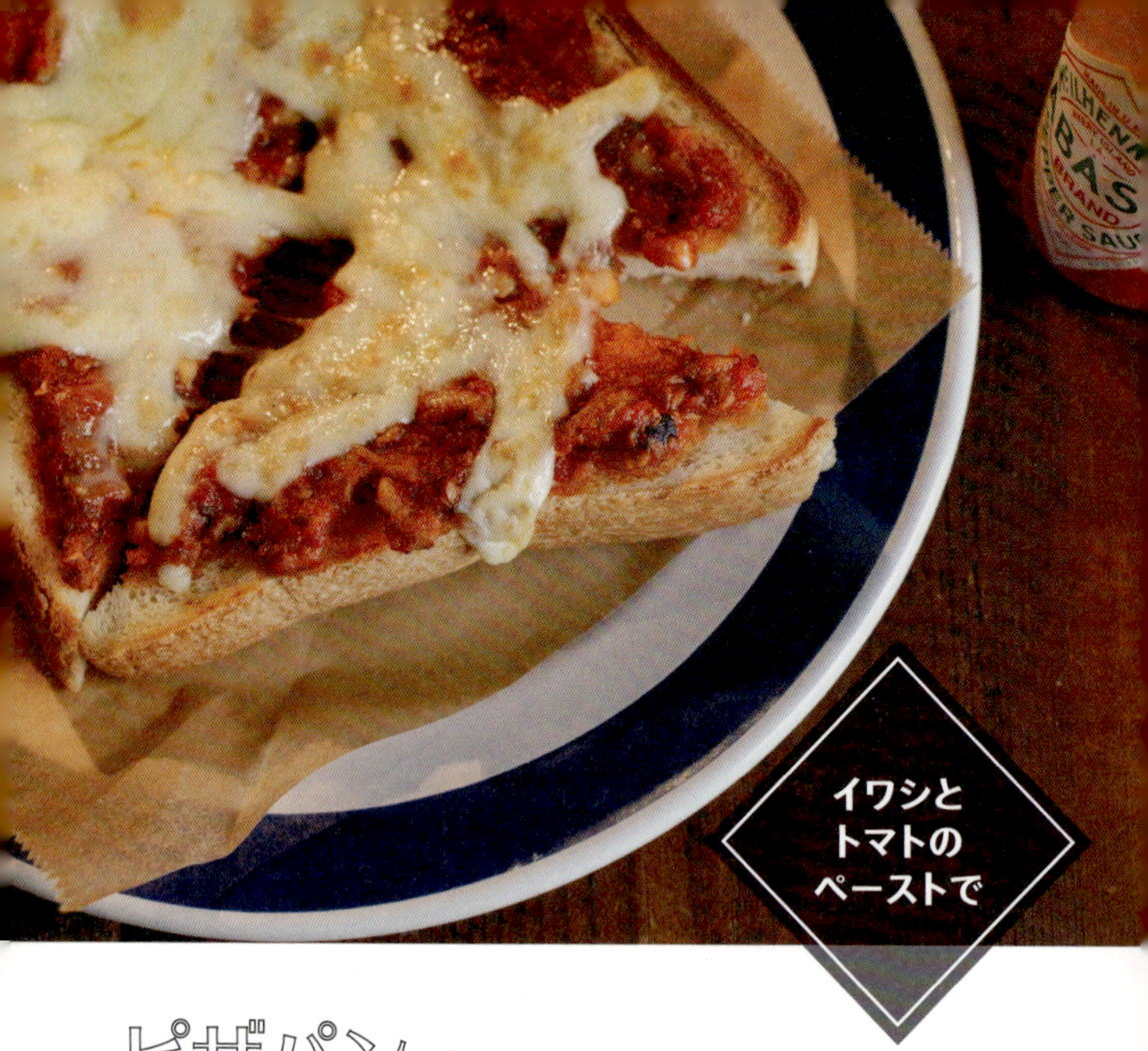

ピザパン

材料

イワシとトマトのペースト…大さじ３
食パン…２枚
ピザ用チーズ…大さじ３

作り方

① 食パンにイワシとトマトのペーストを塗り、ピザ用チーズをちらす。
② オーブントースターでチーズが溶けるまで焼く。

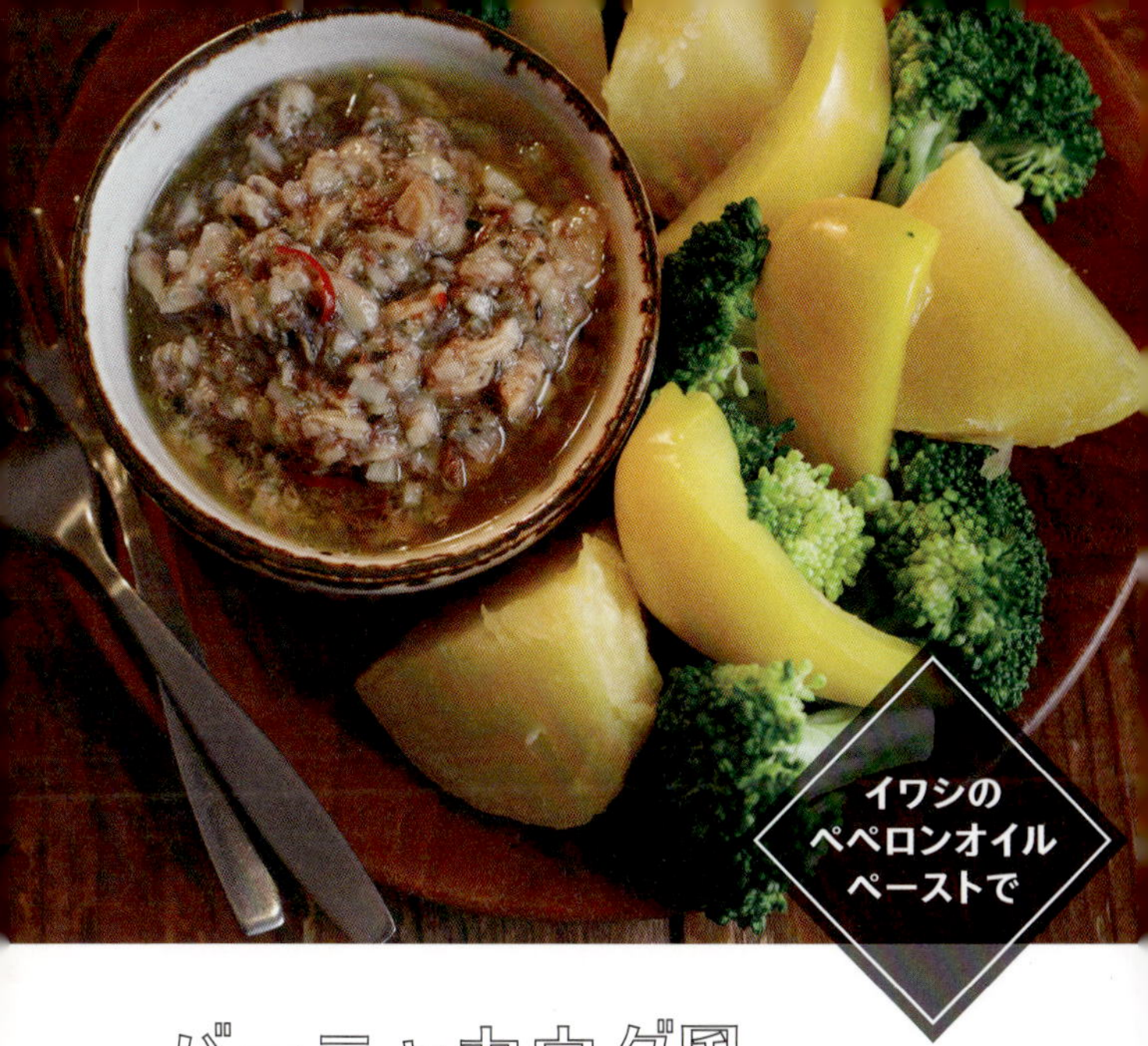

バーニャカウダ風

材料

作りおき！
02

イワシのペペロンオイルペースト…大さじ３
じゃがいも…１コ
ブロッコリー…1/2株
黄パプリカ…1/4

作り方

① じゃがいもはラップで包んで電子レンジで５分加熱する。途中、上下を一度返す。中までやわらかくなったら、皮をむいて食べやすく切る。
② ブロッコリーと黄パプリカは食べやすく切って、電子レンジで２分ほど加熱する。
③ イワシのペペロンオイルペーストと①と②を盛り合わせ、野菜にペーストをつけながら食べる。

即席みそ汁

材料

ごまみそイワシペースト…大さじ２
乾燥わかめ…小さじ２
長ねぎの小口切り…10㎝分
熱湯…１と1/2 カップ

作り方

① 器にごまみそイワシペースト、乾燥わかめ、長ねぎを入れる。
② ①に熱湯を注ぎ、よく混ぜる。

イワシのレモンオイルのパスタ

作りおき！
04

材料

スパゲティ…150ｇ
イタリアンパセリ…適量
A｜イワシのレモンオイル漬け…大さじ４
　｜パスタのゆで汁…大さじ４

作り方

① スパゲティは塩（分量外）を加えた湯でゆでる。
② ボウルにAを合わせ、ゆであがったパスタを入れて和える。イタリアンパセリをちぎってあしらう。

IWASHI
5

なんと！
食べればアノ味

本格的に作るとなると、
ちょっと面倒なイワシの定番料理。
ところが、イワシ缶に“簡単だれ”を合わせるだけで、
あら不思議。アノ味になってます。

イワシのみそ煮

売っているみそ煮缶より、うまいとの噂も…！

材料

イワシ缶（水煮）…１缶 ／ 長ねぎ…１/２本

A イワシ缶の汁…大さじ３ ／ みそ…小さじ２ ／ 砂糖…小さじ２

作り方

❶ 長ねぎは５㎜幅５㎝長さの斜め切りする。
❷ 耐熱容器に **A** を合わせ、汁気をきったイワシと長ねぎを入れ、ラップをして電子レンジで１分30秒～２分加熱する。

IWASHI 5

なんと！食べればアノ味

イワシのしょうが煮

しょうがのダブル使いが、酒呑み心をつかんで離さない

材料

イワシ缶（水煮）……1缶

しょうが……2かけ

A

イワシ缶の汁……大さじ3

しょうゆ……小さじ2

砂糖……小さじ2

作り方

1 しょうがは1かけを薄切りに、1かけをせん切りにして水にさらす。

2 耐熱容器に**A**を合わせ、汁気をきったイワシとしょうがの薄切りを入れ、ラップをして電子レンジで1分30秒～2分加熱する。

3 盛りつけて、しょうがのせん切りをあしらう。

イワシの梅煮

ごはんがすすむおかずは、酒の肴としても優秀です

材料
イワシ缶（水煮）……1缶
梅干し……1コ
かいわれ大根……1パック

A
イワシ缶の汁……大さじ3
水……大さじ1
しょうゆ……小さじ1
砂糖……小さじ1

作り方

1 梅干しは半分にちぎる。かいわれ大根は根元を切り落とす。

2 耐熱容器に**A**を合わせ、かいわれ大根と梅干しを種ごと加える。汁気をきったイワシを入れ、ラップをして電子レンジで1分30秒～2分加熱する。

IWASHI
5
なんと！
食べればアノ味

イワシの蒲焼き

蒲焼きのたれをレンジで作ってかけるだけ！

材料

イワシ缶（水煮）……1缶
ししとう……4本
粉山椒……適宜

A
イワシ缶の汁……大さじ3
しょうゆ……大さじ1
砂糖……大さじ1／2

B
片栗粉……小さじ1／2
水……小さじ1

作り方

1 耐熱容器に汁気をきったイワシ、側面に切れ目を入れたししとうを並べ入れ、ラップをして電子レンジで1分～1分30秒加熱する。

2 別の耐熱容器に**A**を合わせ、電子レンジで1分30秒加熱し、混ぜた**B**を加えて、さらに30秒ほど加熱する。

3 1のイワシとししとうに2をかけ、好みで粉山椒をふる。

IWASHI
6

レンチンで楽チン！

どんなに疲れて帰っても、
うまい肴で一杯やりたい…
そんなときは電子レンジにおまかせ！
洗い物が少ないという特典つき。

イワシのチーズカレー

ビールのおともに、これ以上ないおつまみ

材料

イワシ缶（水煮）…１缶 ／ 玉ねぎ…1/４コ ／
ピザ用チーズ　20ｇ

A | イワシ缶の汁…大さじ３ ／ 水…大さじ３ ／
カレールー…１皿分

作り方

❶ 玉ねぎは繊維と垂直に１㎝幅に切る。
❷ 耐熱容器に汁気をきったイワシ、❶の玉ねぎ、**A** を入れ、ラップをして電子レンジで５分加熱する。
❸ 一度取り出してしっかりと混ぜ、さらに２分加熱する。ピザ用チーズを加えて混ぜる。

IWASHI
6
レンチンで
楽チン!

イワシの卵とじ

日本酒にもごはんのおかずにもおすすめ

材料
イワシ缶(水煮)……1缶
長ねぎ……1/2本
卵……2コ
粉山椒……適宜
A
水……大さじ1
めんつゆ……大さじ1

作り方
1 長ねぎは1㎝幅の斜め切りにする。卵は溶きほぐす。
2 耐熱容器にイワシを缶汁ごと入れ、1の長ねぎ、Aを加えて、ラップをして電子レンジで4分加熱する。
3 一度取り出して溶き卵を加え、さらに2分加熱する。好みで粉山椒をふる。

IWASHI
6
レンチンで
楽チン!

イワシとキャベツのみそ炒め

豚肉の代わりにイワシで作るホイコーロー

材料

イワシ缶（水煮）……1缶
キャベツ……150g
ごま油……小さじ2

A
イワシ缶の汁……大さじ2
みそ……大さじ1と1／2
豆板醤……小さじ1／2
おろしにんにく……小さじ1／2

作り方

1 キャベツは4㎝角に切る。

2 耐熱容器に汁気をきったイワシと**A**を入れ、粗くほぐしながら混ぜる。

3 2の上にキャベツをのせてごま油をからめ、ラップをして電子レンジで4分加熱する。全体をしっかりと混ぜる。

IWASHI
6

レンチンで楽チン!

イワシとなすのマリネ

キリリと冷やした白ワインといただきたい

材料

イワシ缶(水煮)……1缶
なす……2本
酢……大さじ2

A
オリーブ油……大さじ1
おろしにんにく……小さじ1／2
唐辛子の輪切り……1本分
塩……小さじ1／4

作り方

1 なすは横半分に切って、縦に4等分する。

2 耐熱容器になすとAを入れてからめ、イワシを缶汁ごと加える。

3 ラップをして電子レンジで4分加熱し、ラップを取って酢をからめ、粗熱がとれたら冷蔵庫で冷やす。

IWASHI
6
レンチンで楽チン!

きゅうりおろしのポン酢和え

レンチンなのに、まるで小料理屋の小鉢な風情

材料
イワシ缶(水煮)……1缶
きゅうり……1本
ポン酢しょうゆ……大さじ3

作り方
1 きゅうりは半分を乱切りにし、半分をすりおろして汁気をきる。
2 耐熱容器にイワシを缶汁ごと入れ、きゅうりの乱切りを加えて、ラップをして電子レンジで4分加熱する。
3 汁気をきって器に盛りつけ、きゅうりのすりおろしをのせ、ポン酢しょうゆをかける。

IWASHI
6
レンチンで楽チン!

月見イワシともやしのナムル

こってり味にまろやかな卵黄がうれしい

材料
イワシ缶(水煮)……1缶
もやし……100g
卵黄……1コ
揚げ玉……大さじ2
おろしにんにく……適宜

A
オイスターソース……大さじ1
ごま油……大さじ1/2

作り方
1 耐熱容器にイワシを缶汁ごと入れ、もやしをのせて、ラップをして電子レンジで4分加熱する。
2 汁気をきって器に盛りつけ、**A**をかけて、卵黄をのせ、揚げ玉をちらす。お好みでおろしにんにくを添える。

IWASHI

7

やっぱり！フライパン

フライパンひとつでチャチャッと仕上げる。
酒好きによる酒呑みのための
イワシの炒め物です。

イワシとトマトの白ワイン炒め

ワインな気分の夜は、イタリアンなおつまみで

材料

イワシ缶（水煮）…１缶 ／ プチトマト…６コ ／
オリーブ油…小さじ１
A｜白ワイン…大さじ１ ／ 塩…少々 ／ こしょう…少々

作り方

❶ プチトマトは半分に切る。
❷ フライパンにオリーブ油を熱して、プチトマトをさっと炒め、汁気をきったイワシを入れる。
❸ Aを加えて、アルコール分を飛ばしながら炒め合わせる。

のりバタ炒め

イワシ缶の塩気と、焼きのりとバターの風味が絶妙です

材料
イワシ缶（水煮）……1缶
長ねぎ……1／2本
焼きのり……1／2枚
バター……10g
サラダ油……小さじ1／2

作り方
1 長ねぎは1㎝幅に切る。
2 フライパンにサラダ油を熱し、長ねぎと汁気をきったイワシを炒め、ちぎった焼きのり、半量のバターを加えて炒め合わせる。
3 器に盛りつけ、残りのバターをのせる。

IWASHI
7
やっぱり！
フライパン

イワシのチーピー炒め

居酒屋メニューにありそうな、お酒を選ばぬ炒め物

材料

イワシ缶（水煮）……1缶
ピーマン……2コ
スライスチーズ……2枚
サラダ油……小さじ1／2
塩、こしょう……各少々

作り方

1 ピーマンは乱切りにする。

2 フライパンにサラダ油を熱し、汁気をきったイワシとピーマンを入れて塩こしょうし、さっと炒める。

3 スライスチーズをちぎって加え、フタをしてチーズが溶けるまで2分蒸し焼きにする。

IWASHI 7

やっぱり！フライパン

イワシとにらのオイスター炒め

ここはやっぱり、ビールでしょ！

材料

イワシ缶（水煮）……1缶
にら……1／2束
オイスターソース……小さじ2
ごま油……小さじ1
白すりごま……小さじ1

作り方

1 にらは4㎝長さに切る。
2 フライパンにごま油を熱し、汁気をきったイワシとにらを入れてしんなりするまで炒め、オイスターソースを加える。
3 器に盛りつけて白すりごまをふる。

IWASHI
7
やっぱり！
フライパン

れんこんのイワシそぼろのっけ

シャキシャキれんこんと、ぱらぱらイワシをパクッとひと口で

材料

イワシ缶（水煮）……1缶
れんこん……150g
ごま油……小さじ2
塩……少々
パクチー……適量

作り方

1 れんこんは3㎜程度の薄切りにして水にさらし、水気をきる。

2 フライパンにごま油を中火で熱し、れんこんを入れてフタをし、ときどきゆすりながら2〜3分蒸し焼きにする。塩をふって、器に盛りつける。

3 2のフライパンに汁気をきったイワシを入れて火にかけ、木ベラで細かくつぶしながらパラパラに炒め、れんこんにかける。パクチーをあしらう。

IWASHI
8

あったか
小鍋仕立て

肌寒い季節に恋しくなるのが、あったか鍋物。
そんなときにも、パカッとイワシ缶が大活躍。
バランスのいいヘルシー鍋で呑みましょう！

魚う夜鍋

豚肉をイワシに変えて…。
はい、「常夜鍋」のダジャレです

材料

イワシ缶（水煮）…１缶 ／ 小松菜…１/４束（50g）／
絹ごし豆腐…１/２丁 ／ 昆布…５㎝ ／ 水…２カップ ／
ポン酢しょうゆ…適量

作り方

❶ 鍋に昆布と水を入れて10分ほどおく。
❷ 小松菜は４㎝長さに、豆腐はひと口大に切る。
❸ 鍋にイワシを缶汁ごと加え、豆腐も入れて火にかける。温まってきたら小松菜を入れてさっと煮る。ポン酢しょうゆを添える。

豆乳鍋

豆乳みその染みるおいしさに、心も体もフッと脱力

材料

イワシ缶（水煮）……1缶
キャベツ……150g
油揚げ……1枚
水……1カップ
ラー油……適量

A
豆乳……1カップ
みそ……大さじ2

作り方

1 キャベツは4㎝角に切り、油揚げは2㎝幅に切る。

2 鍋にイワシを缶汁ごと入れ、キャベツと油揚げも加えて水を注ぐ。

3 鍋を中火にかけ、煮立ってきたら弱火にして**A**を加える。温まってきたらラー油をかける。

IWASHI 8

あったか小鍋仕立て

キムチ鍋

辛みと熱さで、体の芯からポッカポカ

材料
イワシ缶（水煮）……1缶
キムチ……100g
木綿豆腐……1／2丁
卵……2コ

A
水……2カップ
コチュジャン……大さじ1
ごま油……小さじ1

作り方
1 鍋にイワシを缶汁ごと入れ、キムチとAを加えて混ぜ合わせる。
2 豆腐をスプーンですくい入れて火にかける。
3 温まってきたら卵を割り入れ、好みの固さまで煮る。

IWASHI 8

あったか小鍋仕立て

イワシのすき煮

牛肉や鶏肉もいいけれど、イワシ缶も負けてない！

材料

イワシ缶（水煮）……1缶
しらたき……100g
春菊……1／4束（50g）
卵……2コ

A
水……1カップ
しょうゆ……大さじ2
砂糖……大さじ2

作り方

1 しらたきは食べやすい長さに、春菊は4㎝長さに切る。

2 鍋にイワシを缶汁ごと入れ、しらたきとAを加えて火にかける。

3 温まってきたら春菊を入れてさっと煮る。卵をつけて食べる。

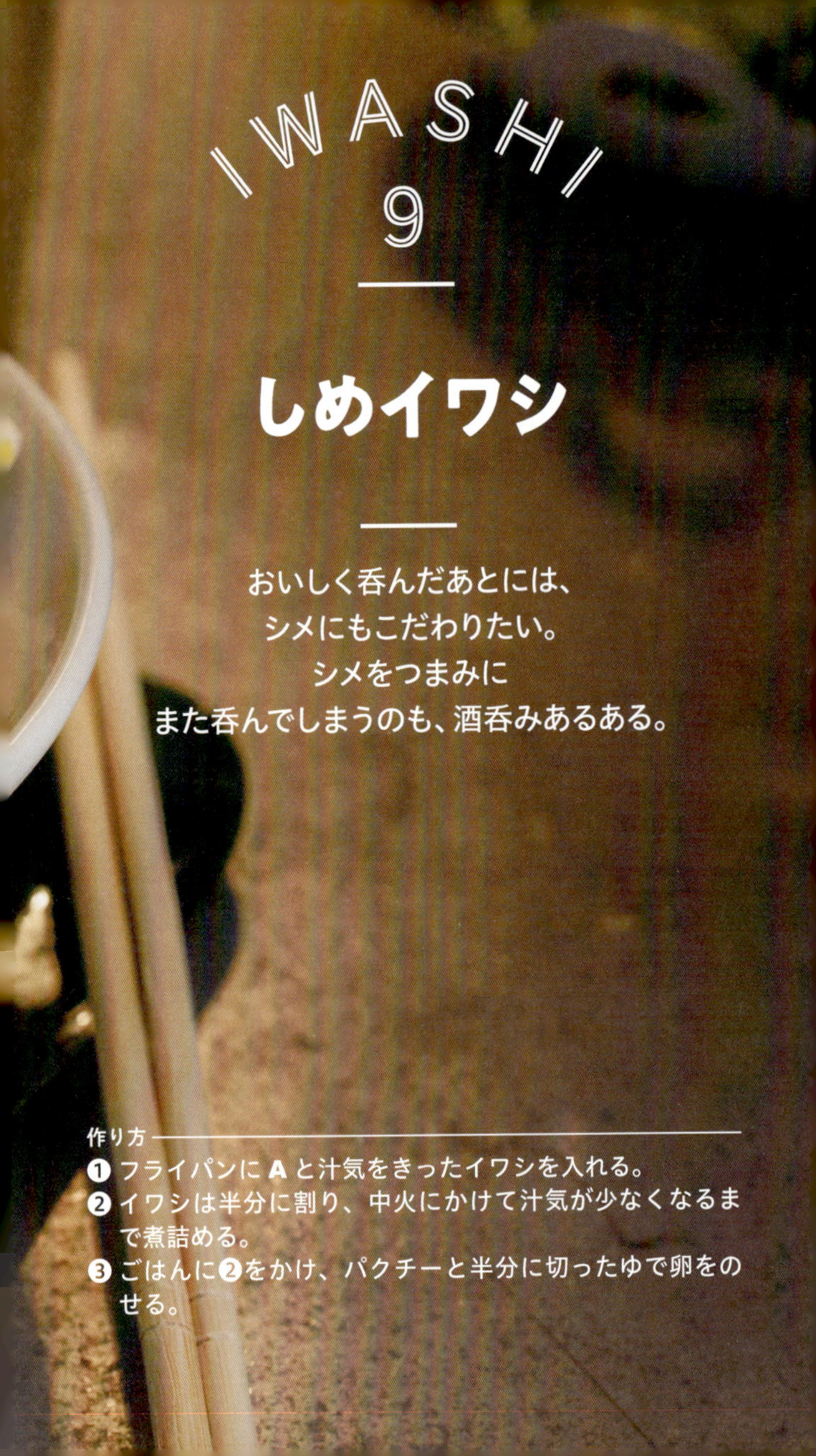

IWASHI
9

しめイワシ

おいしく呑んだあとには、
シメにもこだわりたい。
シメをつまみに
また呑んでしまうのも、酒呑みあるある。

作り方

❶ フライパンに**A**と汁気をきったイワシを入れる。
❷ イワシは半分に割り、中火にかけて汁気が少なくなるまで煮詰める。
❸ ごはんに❷をかけ、パクチーと半分に切ったゆで卵をのせる。

ルーローハン風

台湾の屋台料理をイワシで。五香粉が決め手です

材料（２人分）

イワシ缶（水煮）…１缶 ／ ごはん…２膳 ／ パクチー…適量 ／ ゆで卵…２コ

A
イワシ缶の汁…大さじ１ ／
オイスターソース…大さじ１/２ ／
しょうゆ…大さじ１/２ ／ 砂糖…大さじ１/２ ／
五香粉…少々

IWASHI 9

しめイワシ

イワシとにらのチャーハン

缶汁も使って、うまみいっぱいのパラパラ仕上げ

材料（2人分）

イワシ缶（水煮）……1缶
ごはん……2膳
卵……3コ
にらの小口切り……1／2束分
サラダ油……大さじ2

A
イワシ缶の汁……大さじ2
しょうゆ……小さじ2
塩……少々
こしょう……少々

作り方

1 ごはんと卵をしっかりと混ぜ合わせる。
2 フライパンにサラダ油を熱し、1の卵ごはんをパラパラになるまで炒める。
3 汁気をきったイワシを加えてほぐし、にらとAを加えて炒め合わせる。

IWASHI
9
しめイワシ

イワシバーガー

思わずビールに手が伸びる…これはランチにもアリ！

材料（2コ分）
イワシ缶（水煮）……1缶
バンズ（バーガー用のパン）……2コ
レタス……2枚
トマト（1㎝のスライス）……2枚
粒マスタード……小さじ2
マヨネーズ……適量

作り方
1 イワシは汁気をきって、電子レンジで30秒加熱する。
2 バンズは半分に切ってオーブントースターで焼き、断面にマヨネーズを塗る。
3 バンズに4つ折りにたたんだレタス、トマト、イワシ、粒マスタードの順に重ね、サンドする。

汁うどん

栄養たっぷりの缶汁を全部使ってダシいらず

材料（2人分）

イワシ缶（水煮）……1缶
しめじ……1／2パック
冷凍うどん……2玉
七味唐辛子……少々
万能ねぎの小口切り……適量

A
水……350㎖
めんつゆ……80㎖

作り方

1 しめじは石づきを取り除いてざっとほぐす。冷凍うどんは電子レンジで解凍する。

2 鍋にイワシを缶汁ごと入れ、**A**としめじを加えて火にかける。

3 煮立ったらうどんを入れてさっとほぐし、器に盛りつけて、七味唐辛子と万能ねぎをかける。

人生を自由自在に活動《プレイ》する

青春新書
PLAYBOOKS

人生の活動源として

いま要求される新しい気運は、最も現実的な生々しい時代に吐息する大衆の活力と活動源である。

文明はすべてを合理化し、自主的精神はますます衰退に瀕し、自由は奪われようとしている今日、プレイブックスに課せられた役割と必要は広く新鮮な願いとなろう。

いわゆる知識人にもとめる書物は数多く窺うまでもない。

本刊行は、在来の観念類型を打破し、謂わば現代生活の機能に即する潤滑油として、逞しい生命を吹込もうとするものである。

われわれの現状は、埃りと騒音に紛れ、雑踏に苛まれ、あくせく追われる仕事に、日々の不安は健全な精神生活を妨げる圧迫感となり、まさに現実はストレス症状を呈している。

プレイブックスは、それらすべてのうっ積を吹きとばし、自由闊達な活動力を培養し、勇気と自信を生みだす最も楽しいシリーズたらんことを、われわれは鋭意貫かんとするものである。

―創始者のことば―　小澤和一

［著者紹介］

きじまりゅうた

東京生まれ。祖母は料理研究家の村上昭子、母は同じく料理研究家の杵島直美という家庭に育ち、幼い頃から料理に自然と親しむ。アパレルメーカー勤務を経て、自身も料理研究家の道へ。杵島直美のアシスタントを務めて独立。
現在は、NHK『きじまりゅうたの小腹がすきました』などのテレビや雑誌、書籍、Webを中心に活躍。自身の料理教室も開催している。

［staff］
〈撮影〉南雲保夫　〈スタイリング〉黒木優子　〈本文デザイン〉青木佐和子
［撮影協力］　マルハニチロ株式会社　UTUWA

今夜《こんや》も絶品《ぜっぴん》！
「イワシ缶《かん》」おつまみ

青春新書 PLAYBOOKS

2018年 11月20日　第1刷

著　者　きじまりゅうた

発行者　小澤源太郎

責任編集　株式会社プライム涌光
電話　編集部　03(3203)2850

発行所　東京都新宿区若松町12番1号 〒162-0056　株式会社青春出版社
電話　営業部　03(3207)1916　振替番号　00190-7-98602

印刷・大日本印刷　製本・フォーネット社

ISBN978-4-413-21124-6

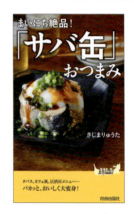

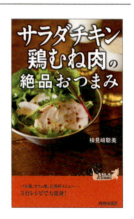